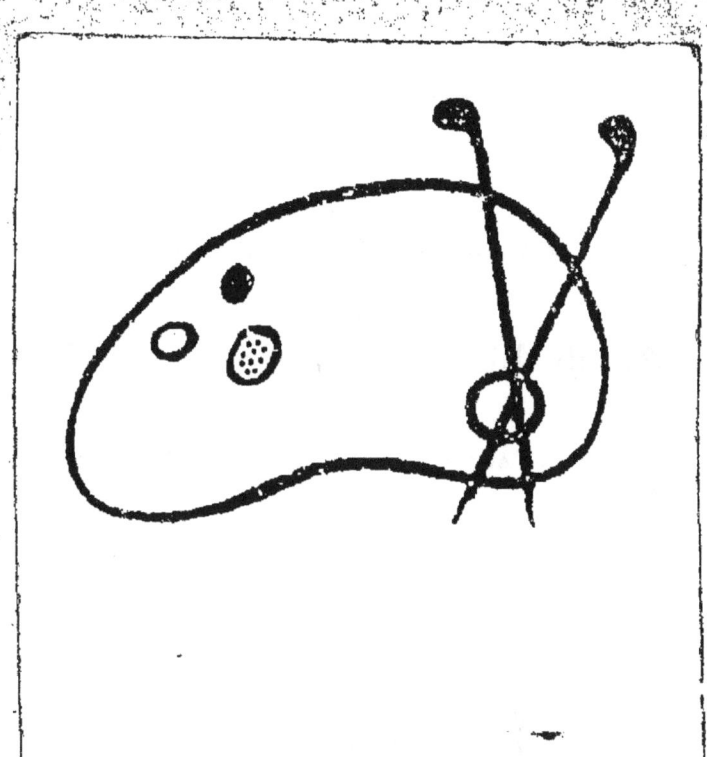

Début d'une série de documents en couleur

L'ABBÉ E. MOREL

LA JACQUERIE
DANS LE BEAUVAISIS

PRINCIPALEMENT AUX ENVIRONS DE COMPIÈGNE

ABBEVILLE

IMP. DU « CABINET HISTORIQUE DE L'ARTOIS ET DE LA PICARDIE »

M D CCC XCI

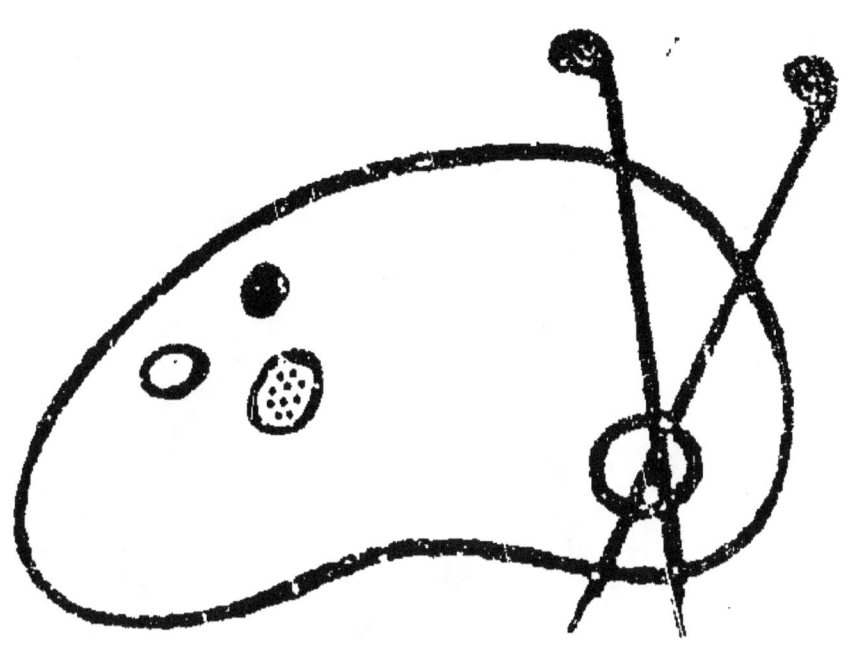

Fin d'une série de documents en couleur

LA JACQUERIE
DANS LE BEAUVAISIS
PRINCIPALEMENT AUX ENVIRONS DE COMPIÈGNE

(EXTRAIT DU *Cabinet historique de l'Artois et de la Picardie*, 1891.)

L'ABBÉ E. MOREL

LA JACQUERIE
DANS LE BEAUVAISIS

PRINCIPALEMENT AUX ENVIRONS DE COMPIÈGNE

ABBEVILLE

IMP. DU « CABINET HISTORIQUE DE L'ARTOIS ET DE LA PICARDIE »

1891

L'ABBÉ C. MOREL

LA LITURGIE

ABBEVILLE

LA JACQUERIE

DANS LE BEAUVAISIS

PRINCIPALEMENT AUX ENVIRONS DE COMPIÈGNE

En 1358

L'INSURRECTION des paysans, connue sous le nom de Jacquerie, éclata vingt mois après la défaite de Poitiers. Elle eut pour cause déterminante les exactions des gens de guerre et des nobles qui, sous prétexte de pourvoir à la rançon du roi Jean le Bon, ou de mettre en état de défense les châte... et de les approvisionner, ravageaient le pays et réduisaient le pauvre peuple à une misère extrême.

Voici comment Froissart, chroniqueur contemporain des événements, raconte cette émeute en son livre Ier, § 413 :

« Assés tost après (c'est-à-dire six mois après) la délivrance du roy de Navare (Charles le Mauvais qui sortit de prison dans la nuit du 8 au 9 novembre 1357), avint une merveilleuse et grande tribulations en pluiseurs parties dou royalme de France, si comme en Biauvoisis, en Brie et sus le rivière de Marne, en Laonnois, en Valois, en la terre de Couci et entours Soissons. Car aucunes gens des villes champest... s, sans chief, s'assemblèrent en Biauvoisis. Et ne furent mies cent hommes li premier et disent que tout li noble dou royalme de France, chevalier et escuier hounissoient et trahissoient le royaume, et que ce seroit grans biens, qui tous les destruiroit.

Cescuns d'yaus (chacun d'eux) dist : « Il dist voir (vrai), il dist voir ; honnis soit celi par qui il demorra que tout li gentil home ne soient destruit.

Lors se cueillièrent (s'assemblèrent) et s'en alèrent, sans aultre conseil et sans nulle armeure que de bastons fiérés et de coutiaus, en le maison d'un chevalier qui priès de là demoroit ; si brisièrent le maison et tuèrent le chevalier, la dame et les enfans petis et grans, et ardirent (brûlèrent) le maison.

Secondement, il en alèrent à un aultre fort chastiel et fisent pis assés, car il prisent le chevalier et le loiièrent à une estache (pieu) bien et fort, et violèrent se femme et se fille li pluiseur, voiant le chevalier ; puis tuèrent la dame, qui estoit enchainte, et se fille et tous les enfans, et puis ledit chevalier à grant martire, et ardirent et abatirent le chastiel.

Ensi fisent il en pluiseurs chastiaus et bonnes maisons et mouteplièrent (multiplièrent) tant qu'il furent bien six mil. Et partout là où ils venoient, leurs nombres croissoit, car cescuns de leur samblance les sievoit (chacun de ceux qui leur ressemblaient les suivait) : si ques cescuns (de sorte que chacun) chevaliers, dames, escuiers, leurs femmes et leurs enfans, les fuioient. Et enportoient les dames et les damoiselles leurs enfans dix ou vingt lieues loing, là où ils se pooient garantir, et laissoient leurs maisons toutes vaghes et leur avoir dedens. Et ces mescheans gens assemblés, sans chief et sans armeures reuboient et ardoient (dérobaient et brûlaient) tout, et occisoient (tuaient) tous gentilz hommes que il trouvoient et efforçoient toutes dames et pucelles, sans pité et sans merci ; ensi comme chiens esragés.

Certes, ohques (jamais) n'avint entre crestiiens ne Sarrasins tèle forsenerie (brutalité) que ces meschans gens faisoient ; car qui plus faisoit de maus, ou plus de villains fais, telz fais que créature humainne ne deveroit oser penser, aviser, ne regarder, cilz (celui-ci) estoit li plus prisié entre yaus (entre eux) et li plus grans mestres. Je n'oseroie escrire ne raconter les horribles fais et inconvignables (inconvenants) que il faisoient as dames. Mès, entre les aultres désordenances et villains fais, ils tuèrent un moult gentil et bon chevalier de Soissonnois et boutèrent en un hastier et tournèrent au feu et le rostirent, voiant le dame et ses enfans. Apriès ce que dix ou douze eurent la dame efforcie et violée, ils li en vorrent (voulurent) faire mengier par force de la chair de son propre mari et puis les fisent morir de male mort. Et avoient fait un roy entre yaus (entre eux), que on appeloit Jake Bonhomme, qui estoit, si comme on disoit adonc (alors), de Clermont en Biauvoisis et le eslisirent le pieur des pieurs (pire des pires).

Ches meschans gens ardirent (brûlèrent) et abatirent ou pays de Biauvoisis, et environ Corbie et Amiens et Montdidier, plus de soixante bonnes maisons et fors chastiaus... Tout en samblable manière si faites gens se maintenoient entre Paris et Noion et entre Paris et Soissons et entre Soissons et Hen (Ham) en Vermendois et par toute la terre de Couci. La estoient li grant violeur et maufaiteur et essillièrent (détruisirent), que en le terre de Couci, que en le conté de Valois, que en l'éveschiet de Laon, de Soissons et de Noion, plus de cent chastiaus et bonnes maisons de chevaliers et d'escuiers et tuoient et roboient (dérobaient) quan qu'il trouvoient. »

A côté de ce sombre tableau, tracé par le chroniqueur flamand, il convient de placer celui que nous a laissé un Picard, notre compatriote, le religieux carme, Jean de Venette, témoin lui aussi des faits qu'il raconte. Les paysans se portèrent sans doute à de bien regrettables excès ; mais les torts des nobles furent aussi fort considérables. Un sentiment patriotique animait les Jacques. Ils souffraient de voir leur pays livré sans défense aux étrangers. Leur conduite vis-à-vis des nobles, si horrible qu'elle fût, n'en eut pas moins tous les caractères d'une représaille. On peut faire valoir, en leur faveur, ces circonstances atténuantes. Écoutons Jean de Venette.

« L'an 1356, nous dit-il, le luxe et la mollesse s'accrurent démesurément chez beaucoup de nobles et de gens de guerre. Déjà, précédemment, ils se faisaient remarquer par leurs vêtements étriqués et trop courts. En cette année, ils se travestirent à grands frais d'une manière plus exagérée encore. Leurs capuchons et leurs ceintures, dorées et argentées, furent garnis de perles et de marguerites. Tout leur habillement fut bariolé de gemmes variées et de perles précieuses. Tous, du plus grand au plus petit, prenaient plaisir à se parer de telles frivolités, à ce point que les perles et les pierres précieuses se vendaient très cher et qu'on en pouvait à peine trouver à Paris. Je me souviens fort bien d'avoir vu telle couple de perles ou marguerites, qu'on venait d'acheter huit deniers, revendues ensuite dix livres. Ils se mirent aussi à orner leurs chapeaux de plumes d'oiseaux. Les voluptés de la chair et les jeux tenaient une trop grande place dans leurs occupations. La nuit, ils jouaient aux dés et, le jour, à la balle ou à la paume. Aussi le pauvre peuple avait-il le droit de gémir et, de fait, il gémissait beaucoup de voir les sommes, versées par lui pour les frais de la guerre, dépensées et gaspillées à de tels amusements futiles et à de semblables bagatelles. D'autre part, les nobles tournaient en dérision les campagnards et les gens simples qu'ils appelaient Jacques Bonhomme. C'est pourquoi, en cette année, ceux qui, dans les combats, tenaient leurs armes à la manière des paysans, bafoués et couverts de mépris, perdirent leur nom de villageois qu'on échangea contre celui de Jacques Bonhomme. Pendant fort longtemps tous les paysans furent ainsi désignés tant par les Français que par les Anglais[1]. »

Ces derniers, ne rencontrant aucune résistance, promenaient partout le pillage et l'incendie. Les villes n'étaient pas plus épargnées que les campagnes. L'invasion avec ses horreurs s'étendait de jour en jour. L'irritation des paysans fut bientôt à son comble. L'insurrection ne pouvait tarder.

« L'an 1358, pendant l'été, continue Jean de Venette, les villageois des environs de Saint-Leu-d'Esserent et ceux du voisinage de Clermont en Beauvaisis, se voyant accablés de tous côtés de maux et d'exactions, sans recevoir aucun secours de leurs seigneurs, qui, aussi durs envers eux que des ennemis, aggravaient leur misère, au lieu de les protéger, se soulevèrent contre les nobles de France et, s'assemblant en grande foule, élurent pour capitaine un paysan des plus rusés du village de Mello, nommé Guillaume Karle. Déployant leurs étendards et comptant sur leurs armes, ils se mirent à parcourir le pays, tuant, égorgeant et massacrant sans pitié tous les nobles qu'ils rencontrèrent, même leurs propres seigneurs. Non contents de cette boucherie, ils rasèrent les maisons et les châteaux des nobles et, forfait plus honteux et plus horrible encore, ils firent périr en d'atroces tortures les dames nobles et leurs petits enfants. C'est ainsi qu'ils abattirent le château fort d'Ermenonville en France et mirent à mort beaucoup de nobles personnages et de femmes qui s'y étaient réfugiés.

« Cette effervescence prit de tels développements, qu'elle se fit sentir jusqu'aux environs de Paris. C'est à peine si un noble osait paraître en dehors des fortifications. Était-il aperçu par les paysans, ou tombait-il entre leurs mains, il était aussitôt tué ou fort maltraité par eux. Le nombre de ces villageois insurgés s'accrut tellement qu'on le put évaluer

1. *Chronique de* Guillaume de Nangis, *du Moine de Saint-Denis et de* Jean de Venette. *Édit. Renouard,* t. II, p. 237.

à plus de cinq mille, cherchant à anéantir les nobles et leurs maisons, ainsi que leurs femmes et leurs enfants. C'est pourquoi, pendant pendant quelque temps, les nobles vécurent dans leurs retraites, sans sortir comme auparavant. Mais les entreprises monstrueuses des paysans ne pouvaient durer. Comme ils ne tenaient que d'eux-mêmes, et non de Dieu, leur puissance, et qu'ils n'usaient d'aucun droit, émané d'une autorité légitime, d'un seigneur dominant, dirait-on, mais uniquement des droits qu'ils s'étaient arrogés, leurs prétentions ambitieuses prirent rapidement fin.

« Ils avaient, il est vrai, débuté par un semblant de zèle pour la justice, puisque leurs seigneurs, loin de les protéger, les pressuraient ; mais ils se sont ensuite souillés par des actions honteuses et exécrables, assouvissant leur luxure sur les dames de leurs seigneurs et massacrant leurs petits enfants, bien innocents, pillant tout ce qu'ils trouvaient et mettant dans leur habillement, de même que leurs femmes, pauvres paysannes, une recherche ridicule ; de sorte que cette odieuse conduite ne pouvait ni ne devait être longtemps tolérée.

« Aussi les nobles, après y avoir bien réfléchi, se groupèrent-ils peu à peu. Munis par prudence de bonnes armes, ils marchèrent à la rencontre des paysans. Le roi de Navarre se signala tout particulièrement, en attirant à lui par des paroles doucereuses quelques-uns de leurs chefs, qu'il fit massacrer, au moment où ils s'y attendaient le moins. Ce coup fait, il partit accompagné du comte de Saint-Pol pour Montdidier, où se trouvaient concentrés un grand nombre d'autres paysans. Avec ses gens, il se rua sur eux et les fit passer au fil de l'épée. Ainsi la folle entreprise des paysans ne resta pas impunie. Car les gens de guerre et les nobles, recouvrant leurs forces et brûlant de se venger, formèrent entre eux une union plus étroite. Parcourant les campagnes, allant d'un village à l'autre, ils en livrèrent plusieurs aux flammes, et, poursuivant jusque dans leurs demeures et leurs vignes les paysans, tant ceux qu'ils considéraient comme leurs ennemis, que les autres, ils les faisaient mourir misérablement. Ces incendies plongèrent dans la consternation Verberie, la Croix-Saint-Ouen, près Compiègne, et beaucoup d'autres villages dont je n'ai pu constater la ruine et que je ne saurais indiquer[1]. »

Jacques Bonhomme n'était pas, comme l'a cru Froissart, le nom du chef de la Jacquerie, mais un surnom donné à tous les paysans. Le chroniqueur flamand se trompe encore, lorsqu'il désigne ce chef comme originaire de Clermont en Beauvaisis. Le roi des Jacques était un madré paysan de Mello. Jean de Venette vient de nous l'apprendre. Ce roi s'appelait Guillaume Calle. *Les lettres de rémission* obtenues par quelques-uns de ses partisans en font foi. Défait par le roi de Navarre, près de Catenoy, Guillaume Calle fut emmené à Clermont, où il eut la tête tranchée, avant le 15 juin. Ce fut le commencement de la déroute des Jacques. Il était grandement temps d'arrêter ces insurgés, dont l'audace ne reculait devant aucun crime. « Quant li gentil homme de Biauvoisis, de Corbisis, de Vermendois et de Valois et des terres, où ces meschans gens conversoient (vivaient) et faisoient leur forsenerie (violence), veirent ensi leurs maisons destruites et leurs amis tués, — continue Froissart, § 414, — ils mandèrent secours à leurs amis en Flandres, en Haynau, en Braibant et en Hesbain ; si en y vint tantost assés de tous costés. Si s'assamblèrent li estragnier (étrangers) et li gentil homme dou pays qui les menoient. Si commencièrent ossi à tuer et à décoper ces meschans gens, sans pité et sans merci, et les pendoient par fous (foule) as arbres où il les trouvoient. Meismement le roi de Navare en mist un jour à fin plus de trois mil, assés près de Clermont en Biauvoisis.

---

[1]. *Chronique de* Guillaume de Nangis *et de ses continuateurs*, t. II, p. 263-265.

Mès il estoient jà (déjà) tant moutepliiet (multipliés) que se il fuissent tout ensamble, il euissent esté cent mil hommes. Et quant on leur demandoit pourquoi il faisoient çou (cela) il respondoient que il ne savoient, mès il le veoient les aultres faire, si le faisoient ossi ; et pensoient que il deuissent en tel manière destruire tous les gentilz et nobles hommes dou monde par quoi nulz n'en peuist estre. »

Meaux fut, pour ainsi dire, le tombeau des Jacques. Ils vinrent le samedi, 9 juin, au nombre de neuf mille, attaquer la forteresse du marché de Meaux où le duc d'Orléans, les duchesses de Normandie et d'Orléans s'étaient réfugiés. Gaston, comte de Foix, et Jean de Grailly, captal de Buch, à la faveur de la trêve entre l'Angleterre et la France, se portèrent heureusement avec quarante lances au secours des assiégés. Ils ne tardèrent pas à faire un grand carnage des agresseurs. « Si les abatoient à fous et à mons (en foule et en monceau) et les tuoient ensi que des bestes, et les reboutèrent tous hors de le vile, que onques nulz d'yaus ni eut ordenance ne conroi (jamais nul d'entre eux ne sut retrouver ni son rang, ni sa compagnie). Et en tuèrent tant qu'il en estoient tout lassé et tout tané et les faisoient salir en mons (sauter en monceau) en le rivière de Marne. Briefvement, il en tuèrent, ce jour, que misent à fin plus de sept mil..... Depuis ceste desconfiture, qui en fu faite à Miaus (Meaux) ne se rassamblèrent-il nulle part ; car li jones (le jeune) sires de Couci, qui s'appelloit messires Engherans, avoit grant fuison de gentilz hommes avoech lui, qui les mettoient à fin, partout où ils les trouvoient, sans pité et sans merci. »

Commencée le lundi de la Pentecôte, 21 mai 1358, la Jacquerie se trouva complètement étouffée vers le 11 juin suivant, après trois semaines de durée. Tous les chefs de bandes ne périrent pas dans la mêlée. Ceux qui purent échapper, redoutant les représailles des nobles, s'empressèrent de demander, soit au régent, Charles, duc de Normandie, soit au roi Jean, dit le Bon, des lettres de rémission, c'est-à-dire de pardon, pour leurs méfaits, et de sauvegarde, pour leurs personnes et leurs biens. Ces lettres sont conservées aux *Archives nationales*, dans le registre JJ. 86.

Les extraits, que nous allons donner de ces documents officiels, nous renseigneront plus exactement encore que les chroniqueurs, sur le véritable caractère de la Jacquerie. Ils nous permettront de juger et d'apprécier ce soulèvement populaire dans le Beauvaisis, principalement aux environs de Compiègne. La Jacquerie ne fut à l'origine qu'un mouvement patriotique; mais elle ne tarda pas à prendre une physionomie révolutionnaire, le fait suivant le prouve clairement :

« Pour avoir avis et déliberation comment chascun païs en droit soy pourroit mieux résister au fait des Anglois et autres ennemis du royaume de France, qui, par les chasteaux et forteresses qu'il ont pris et tiennent en ycelui, ont gasté, détruit et pillé, et encore font de jour en jour, moult grant quantité de bonnes villes et subgiez du royaume avecques leurs biens, les habitants des villes de Grantvillier, de Poys et de Linières se sont assemblez sur les champs, en armes, en certain lieu d'icelles marches et païs, et, de commun assentement, ont esleu et fait Symon Doublet de Grantvillier leur capitaine, et à ycelui fait commandement que avec eulz il iroit, là où il le vouldroient mener, pour aler abatre aucuns chasteaux, maisons, lieux et forteresses d'aucun nobles des marches et païs dessus dit. »

Simon Doublet eut beau leur représenter qu'on ne devait pas avoir égard « au fait du pueple (peuple) du païs de Beauvoisin, duquel Guillaume Calle estoit capitaine, et que tels congrégacions et assemblés et élection de capitaine du païs ou royaume de France, sans l'autorité et licence du roy, ne se pouvoit bonnement faire », il se vit contraint d'accepter la charge de capitaine. Les nobles, irrités de ce mouvement patriotique, traitèrent les habitants de Grandvillers, de Poix et de Lignières-Châtelain (Somme) et notamment leur capitaine en exécrables Jacques, brûlèrent leurs maisons, pillèrent leurs biens et les représentèrent comme des perturbateurs de l'ordre public. Pour retrouver leur tranquillité, ces villages durent demander au dauphin Charles, alors régent du royaume, des lettres de rémission et de sauvegarde, qui leur furent accordées à Paris, le 16 septembre 1358 [1].

La Jacquerie, d'ailleurs, semble avoir trouvé grâce devant les gens d'église. Le carme Jean de Venette, en sa chronique, excuse les excès des paysans. Des curés, comme « Messire Jehan Nerenger, prestre curé de Gelicourt en la conté de Valoy (Gilocourt, canton de Crépy) », et « Messire Jehan Morel, prestre, curé de la ville de Blacey, ou bailliage de Vitry (Blacy, Marne) », marchèrent avec eux et eurent besoin de lettres de rémission, parce qu'ils avaient été « aux effrois et commotions faites par les gens du plat païs contre les nobles et à abatre en plusieurs lieux leurs forteresses, ardoir (brûler) maisons, dissiper et piller leurs biens, et aucuns mis à mort [2]. »

Ce soulèvement populaire s'étendit au loin. On trouve des lettres de rémission délivrées à « Guillaume de Trie, demourant à la Ferté-Milon ou bailliage de Valois ; à Jehan Hullot, capitaine, demourant à Estavegny en Meucien (Etavigny) ou bailliage de Valoys ; à Denisot Rebours, capitaine des gens de la ville de Fresnoy en la conté de Valois ; à Oudart Aucoulet, demourant à Pont-de-Ront (Pondron, commune de Fresnoy-la-Rivière), subject et justiciable de Monseigneur le duc d'Orliens, en sa conté de Valois ; à Lambert d'Autefontaine, demourant à Déméville (Eméville) au conté de Valois, frère de Pierre de Déméville, président de Parlement, conseiller du roy ; à Enguerran et Guillaume de la Mare, frères, pouvres personnes du bailliage de Senlis ; à Guillaume

[1]. Arch. nat., JJ. 86, n° 392.
[2]. Id., n°˙ 369 et 386.

aus Bestes de Hénonville, au bailliage de Senlis ; à Jehan Renart de Chambli-le-Haubergier ; à Colard le Mannier, capitaine, demourant à Conti, en la conté de Clermont (Conty, Somme) ; à Estienne Champion, demourant à Contres (Somme), en la conté de Clermont », etc., etc.[1]

Certaines villes, comme Beauvais, Compiègne, Clermont, etc., résistèrent au mouvement. L'évêque de Beauvais retenait en ses prisons les Jacques que ses gens capturaient. Thomas Cousterel l'apprit à ses dépens. En décembre 1358, il se trouvait sous les verrous, quand on obtint pour lui des lettres de rémission[2].

Senlis embrassa le parti des Jacques. Jean de Venette a, dans sa chronique, consigné la vaine tentative des nobles pour se rendre maîtres de la ville, la résistance des habitants et la déroute des envahisseurs « contraints piteusement de fuir et de s'en retourner jusqu'à Meaux raconter leur triste aventure[3] ».

Le 27 mai de la même année « jour de la Beneisçon (ou *Benedicta sit* de la Sainte Trinité), pour le temps que les effrois, commocions, rebellions et assemblés estoient des gens du plat païs contre les nobles du royaume, plusieurs gentilshommes s'estant efforcez d'entrer en la ville et prendre icelle, pour ce fu lors crié en la dicte ville que tous ceus qui aroient gentilshommes en leurs maisons les meissent et boutassent hors. Pour lequel cri, un hoste ou habitant de la dicte ville qui avoit en sa maison herbergiéz ou hostelléz le seigneur de Hardecourt[4] et deux de ses escuiers, dont luy l'un estoit appelé Jehan des Prés, mist et bouta hors de sa maison les dessus dis chevalier et

---

1. *Arch. Nat.* JJ 86, n°s 250, 256, 298, 342, 344, 345, 366, 383, 384, 397.
2. Id., n° 419.
3. *Chronique* de Guill. de Nangis, t. II, p. 268.
4. Hardencourt, hameau de Rozoy (canton de Liancourt, Oise).

esculers, lesquelx escuiers, l'en ne scet pour quelle cause, tuèrent tantost le dit chevalier, pour laquelle cause s'en cria haro sur yceulx escuiers, haro le murtre, auquel cri et pour lequel fait s'assemblèrent grant foison d'habitans de la dicte ville de Senlis, par lesquels le dit Jehan des Prés fut mis à mort. » Jehan Charuel, présent à ce meurtre, fut incriminé. C'est ce que nous apprennent les lettres de rémission qui lui furent octroyées, à Paris, en janvier 1359[1].

Pendant que le dauphin Charles, regent du royaume, se trouvait à Meaux « en la fin du mois de may 1358, Jehan Bernier de Villers Saint Pol et Jehan Brenier (sic) de Montathère vinrent par devers luy, pour la seureté et deffense du païs de Beauvoisin et d'environ Senliz et Creeil, et empétrèrent de luy son amé et féal chevalier et conseiller, le sire de Saint Sauflieu, capitaine, pour garder le dit païs, et, en retournant ès dictes parties, trouvèrent les gens du plat païs tout esmeuz à la fole commocion et entreprise contre les nobles du royaume, si comme de abattre, gaster et ardoir (brûler) leurs forteresses, maisons et leurs biens et aucuns mettre à mort. Pour ce que le dit Jehan Bernier de Montathère ne se voult alier avec les dis gens, il le mirent à mort, en lui imposant qu'il estoit traitre au commun du dit plat païs. Jehan Brenier de Villers Saint Pol, aïent horreur, doubte et paour de mort, demoura avec eulx aus dis effrois, et fu par plusieurs jours en leur compaignie, jusques à ce que Guillaume Cale, soy portans capitaine du dit plat païs de Beauvoisin, et plusieurs autres, ses adhérens et complices, furent mis à mort à Clermont et déchèrent de leur fole entreprise. Aucuns nobles du dit royaume, malveillans et ennemis du dit plat païs, couroient et gastoient, pour le temps de lors, ycelui païs et les biens des champs. Plusieurs personnes du dit païs, tant de Senlis comme de Villers,

1. *Arch. nat.* JJ 86, n° 421.

voisins d'environ Clermont en Beauvoisin, vinrent par devers le roy de Navarre, adonc capitaine d'icelle, et depuis ennemi rebelle et malveillant du royaume, et obtinrent de luy certaines lettres de commission, par lesquelles le dit Jehan Bernier de Villers fu commis de par lui capitaine et garde du dit plat païs, lui absent, afin que le pueple (peuple), et commun d'icelui peust labourer et cultiver les terres et ouster et mettre à sauveté les biens des champs. Le dit Bernier refusa la dite commission l'espace de huit jours ou environ, et finablement contre son gré et voulenté et par contrainte la receut et s'en alla demourer en la dicte ville de Senlis, sens soy partir, ne sens exécuter, ou user en aucune manière de la dicte commission, fors tant seulement qu'il escript à plusieurs villes du dit plat païs, que il venissent à lui en la dicte ville, pour veoir et ordener comment on pourroit mettre remède et résister aus diz courreux, afin que on peust cueillir et mettre à sauveté les diz biens. » A la rentrée du dauphin Charles à Paris, la paix fut faite, pour ne pas dire imposée par lui, entre les nobles et les paysans, Bernier toutefois ne s'en trouva pas plus heureux. « Il avoit perdus tous ses biens et ses maisons arses (incendiées) par les dis ennemis du royaume, naguaire ascendus au dit païs de Beauvoisin, et n'avoit peu avoir les gaiges de la ville de Senlis. Afin d'avoir la vie de lui, de sa femme et de ses enfans, il, avec plusieurs autres personnes de deffense, s'estoit transportés en la ville de Noyon, en laquelle, il et ses compaignons ont esté receuz aus gaiges de de la ville et du païs d'environ, pour résister à la male voulenté des ennemis. Et por ce, le capitaine de la ville de Senlis avoit pris tous les biens, que le dit Jehan avoit en la dicte ville, pour la sustentation de sa dicte famme et enfans, et mis en la main du roy, tant pour les causes dessus dictes, comme pour ce qu'il maintenoit le dit Jehan avoir desgarny de lui et de ses dis compaignons, lesquels estoient bien nécessaires et proffitables pour la tuicion et deffense d'icelle. »

Bernier se trouvait ainsi ruiné et disgracié de tous les partis qu'il avait servis. Le régent Charles eut pitié de lui et par ses lettres de rémission, délivrées à Paris en septembre 1358, le mit à l'abri de toute peine corporelle, criminelle et civile « en restituant ou cas dessus dit le dit Jehan à sa bonne fame et renommée, à son païs et à ses biens [1] ».

L'histoire de Jean Rose « de la Praelle [2] près Angicourt en Beauvoisin » et de Jeanne, sa femme, n'est pas moins lamentable que celle de Bernier de Villers-Saint-Paul. « Jehan Rose contre son gré et volenté et par la force et contrainte de Guillaume Cale, soi portant général capitaine du plat païs, ala en la compaignie avec les dis du plat païs, ou autrement li eust ars (brulé) sa maison, gasté et dissipé touz ses biens et lui mis à mort. En la compaignie desquiex, il fu par certain temps, sans ce que il pillast onques sur les diz nobles, ne fist aucun mal, mais pour ce que de leur compaignie se vouloit évader et départir, au plustot à brief qu'il pourroit senz péril de son corps, avoit envoié ladicte Jehanne, sa fame, ses enfans et aucune partie de ses biens a sauveté en la ville de Compiengne pendant les effrois. Pour ce que ledit Jehan estoit bien cogneu en la dicte ville, le dit généralement capitaine dudit plat païs (Guillaume Cale) envoya iceluy Jehan et un autre, comme contrains, porter lettres aux bourgois et habitans d'icelle ville de Compiengne, afin qu'il vousissent estre aliéz avec les gens dudit plat païs et eux soustenir, conforter et aider en leur faiz, desquelles lettres les diz bourgois et habitanz firent response audit capitaine et à ses alliéz et adhérens, qu'il avoit fait venir devant ladicte ville, comme il leur plut. Et lors dist ledit Jehan aus diz bourgois et habitanz, que ja soit ce qu'il fust avec les diz du plat païs et en leur compaignie, toutevoies,

1. *Arch. Nat.* JJ 86, n° 387.
2. La Presle, hameau d'Angicourt (canton de Liancourt, Oise).

se il vouloient avoir à faire en aucune manière à la dicte ville et ycelle assaillir, il les lairoit et venroit vivre et mourir avec les habitanz d'icelle. Et pour ce que, un autre jour ensuivant, le dit Jehan venoit en la dicte ville de Compaigne veoir sa famme et ses enfans, le prévost forain d'icelle, estant aus bailles ou lices (barrières), meu de courage, courroucié contre lui, le prist et mist la main à lui de par le roy, en lui imposant qu'il estoit faux et mauvais traitre et qu'il avoit esté capitaine ou dit plat païs et le fist mestre ès prisons royaulx de la dicte ville. Et jà soit ce que le dict Jehan, clerc, et de veu et de sceu pris en habit et tonsure, fust deuement et souffisamment requis au bailli de Senlis, pour le temps capitaine d'icelle ville de Compaigne, et son juge ordinaire, ouquel seul, pour le temps, la correption et punicion en devoit appartenir, toutevoies rien n'en fust fait ; mais, affin qu'il ne apparust estre clers, li fu sa couronne tonste et bercandée (dégarnie). Et qui plus est, en la très grant chaleur et venue des diz nobles, senz ce que par sa confession, ne aucunement, il ait esté trouvé en aucune manière avoir esté capitaine de ville dudit plat païs, ne avoir aucune chose meffait ou délinqué contre le roy, ou les diz nobles, fors tant seulement, comme contrains, avoir esté en la dicte commocion, li fu fait coper la teste, et en oultre furent pris touz ses biens, estanz en la dicte ville, comme forfaiz et acquis au roy, et d'iceuls fait inventoire, et yceulx parprisié à la valeur et somme de cent florins à l'escu, laquelle prisié ledit bailli a receue et appliquié à soy, si comme l'en dit. »

Le prévôt forain de Compiègne et le bailli de Senlis avaient vraiment dépassé toute mesure dans leur zèle. Il en résulta pour la veuve de Jean Rose une situation des plus pénibles. Elle fit supplier le régent d'avoir pour elle quelque indulgence. Sa demande fut favorablement accueillie. « Comme ladicte Jehanne ne seroit pain gaigner, dit le dauphin Charles, dans ses lettres de rémission, délivrées à Paris au mois de septembre 1358[1], ne n'auroit de quoy vivre, ne nourrir trois petits enfanz, quelle a touz meures d'aage (mineurs), mais les convenroit mendier et estre toujours en grant pouvreté et misère... voulant sur ce équité et miséricorde précéder rigueur, nous, à la dicte Jehanne, dégarpie de feu Jehan Rose, et à ses dis enfans, avons remis, quitté, donné et délaissé, ou cas dessus dit, tous les biens quelconques, meubles et héritage que tenoient et possessoient les diz conjoinctz, avant la mort dudit Jehan. »

Parmi les personnes compromises dans la Jacquerie, en notre région, figurent encore Arnoul Guanelon de Catenoy, Simon le Choisne et Lorin, son fils, de Cinqueux, Germain Réveillon de Sacy-le-Grand, Nicolas Dufour de Fouilleuse, Philippe Boquillon d'Avregny, Jean Oursel de Pont-Sainte-Maxence, Étienne Névelon, Jean le Grand et Jean Léber de Jaux, Jean Biquet de Remy et Gilles le Putois de Pierrefonds.

« Par la force et contrainte de feu Guillaume Calle, naguaire esleu capitaine du pueple[2] et commun de Beauvoisin et de ses adhérens et complices assemblez au dit païs pour aler combattre et destruire, ardoir[3] et abattre les chasteaux, maisons, lieux et forteresses des nobles d'icelui païs, Arnoul Guénelon de Castenoy, pour paour de mourir et de perdre ses maisons et autres biens, se feust consenti d'estre capitaine de la dicte ville de Castenoy et de chevauchier et aler avec les habitans d'icelle par aucunes journées en la compaignie desdis Guillaume Calle et de ses adhérens, ou quel temps par aucuns désordres de la dicte compaignie, furent plusieurs personnes mises à mort, plusieurs pillages, arsures[4] de maisons et plusieurs autres maux fais, lui estant

---

1. *Arch. Nat.* JJ 86, n° 365.
2. Peuple.
3. Brûler.
4. Incendies.

en la dicte compaignie, sans ce que ycelui Arnoul en feust onques¹ consentant en ever² ni en volenté ; mais eust volentiers empesché leur male voulenté, se il eust osé, et ou retourner qu'il firent du chastel d'Ermenonville, s'en départi et s'en ala, hors de leur compaignie, mettre en la ville de Senlis, où il s'est depuis bien portéz et loyalment, si comme il dit, à la deffense d'icelle, contre les ennemis du royaume de France, qui depuis la sont venu assaillir. Si est avenu que plusieurs nobles et leurs complices se sont depuis alliéz ou dit païs, lesquiex, en une course que faite ont en ycelui, pour eulx contrevaingier³ des fais dessus dis, li ont ars⁴ ses maisons et avecques ce pillé, gasté et emporté tous ses biens qui dedans estoient, dont il est à pouvreté, et onques, nonobstant ce, n'ose il reparier⁵, ne demourer en la dicte ville pour les dictes causes. »

Arnoul Guanelon obtint du régent « Charles, ainsné filz du roy de France, » des lettres de rémission de toute peine corporelle, civile et criminelle, qui lui furent délivrées à Paris, en septembre 1358⁶.

Défense y est faite de l'attaquer et de « procéder contre lui par voie de guerre, ou de fait d'arcin⁷ de prison, de raençon, de pillage ou autrement, fors⁸ que par la voie de justice tant seulment. »

« Simon le Choisne et Lorin, son fils, demourans à Sainquez en Beauvoisin, en la commocion ou esmeute du plait païs de Beauvoisin, naguaire faite contre les nobles

1. Jamais, *unquam*.
2. Œuvre.
3. Prendre leur revanche.
4. Brûlé, *arserunt*.
5. Faire leur repaire.
6. *Arch. nat.* JJ 86, n° 391.
7. Incendie.
8. Hormis.

dudit païs pour contrainte dudit peuple et de leur capitaine ont chevauchié en leur compaignie par trois jours ou environ, et au plus tost qu'ils pourrent¹ eschaper s'en retournèrent en leurs maisons, sans ce qu'il aient aucunement chevauchié², pillé, bouté feux, ne tué, ne occis³ aucune personne ne meffait comment que ce soit ; ainçois⁴ qui pis est, les diz nobles ont ars, pillé et gasté⁵ aus diz exposans, tous leurs biens, sans ce que leur soit demouré que leurs personnes seulement ; et encore n'osent il demourer sur leurs héritages, mais convient que leurs fammes se demussent⁶ et tapissent en bois et en autres divers lieux, à grant misère et pouvreté, pour doubte⁷ des diz nobles ; pour laquelle chevauchée eulx se doubtent qu'il n'aient encourue aucune offense envers le roy, nostre sire, monseigneur le régent et envers justice. » Le régent fit délivrer à Paris des lettres de rémission à Simon le Choisne et à son fils Lorin, au mois d'août 1358⁸.

« Germain de Réveillon, demourant à Sachy-le-Grant en Beauvoisin, familier du comte de Montfort, » fit exposer de la manière suivante au régent la triste situation que lui avaient faite les événements :

« En la commocion ou esmeute du peuple du plat pays de Beauvoisins, naguaire faite contre les nobles dudit païs, par la contrainte dudit peuple et de leur capitaine, il a chevauchié par trois jours ou environ en leur compaignie, à Mellou à Pont-Sainte-Maixence et à Monthathère⁹ ; à la

1. Purent.
2. Fait des agressions à cheval et en armes.
3. Massacré.
4. Mais.
5. Ont brûlé, pillé et dévasté, *arserunt, pilaverunt et vastaverunt*.
6. Se cachent.
7. Crainte.
8. *Arch. nat.* JJ 86, n° 320.
9. Mello, Pont-Sainte-Maxence et Montataire.

dèrrenière desquelles trois journées, le dit peuple, estant en armes et esmeu sur la montaigne de Monthathère, a requis au dit Germain qu'il vousist¹ pour lors estre leur capitaine, en l'absence de leur capitaine général qui lors estoit devant Ermeunonville, lequel Germain s'en excusa par plusieurs fois et pour plusieurs causes et raisons. Et finablement, pour ce qu'il ne vouloit obeir à leur requeste et à leur voulenté, le pristrent² par son chaperon injurieusement, en disant qu'il seroit leur capitaine pour demi-jour et une nuit, vousist ou non, et le vouldrent sachier jus³ dessus son cheval, et avec ce sachèrent⁴ plusieurs espées sur lui pour li coper la teste, s'il n'eust obéy à eulx ; lequel pour doubte et pour eschever⁵ ou péril de la mort fu leur capitaine demi-jour et une nuyt tant seulement, au lieu dit de Mellou et contre les gens du roy de Navarre qui lors s'efforçoient de noer⁶ ou dit pays de Beauvoisins, pour ycelui grever et gaster, duquel lieu de Mellon le dit Germain se départi et s'en reppaira⁷ en sa maison, si tost comme il post⁸ eschaper, sens ce qu'il ait aucunement chevauchié, ne en aucune manière bouté feu, pillé ne occis⁹ personne, ne meffait en aucune manière autrement ; mais, qui pis est, depuis les diz nobles ont ars, pillé, gasté et essillé¹⁰ audit suppliant tous ses biens meubles et héritages, et li ont fait dommage jusques à la value de

1. Voulût, *voluisset*.
2. Prirent.
3. Justicier, *littéralement* sortir à justice.
4. Dégaînèrent, *littéralement* firent sortir du sac.
5. Esquiver.
6. Vivre, *littéralement*, pâturer dans la noue.
7. Se retira comme en un repaire.
8. Put, *potuit*.
9. Massacré, *occidisset*.
10. Ont brûlé, pillé, dévasté et détruit, *arserunt, pilaverunt, vastaverunt et exilaverunt*.

trois mile moutons ou environ, et ne li est rien demouré, fors sa famme et ses enfans; et encore n'ose il, ne sa dicte famme et enfans demourer sur leurs dis héritages, en ycelui païs, mais convient que il [1] sa famme et ses enfans demeurent et se tapissent en boys et en autres divers lieux en grant misère et pouvreté pour doubte des diz nobles. » Cet exposé ressemble beaucoup au précédent. Il se retrouve dans la plupart des lettres de rémission.

« Colart Dufour, dit Mellin, demourant à Fouilleuse en en Beauvoisins, en la commocion ou esmeute du peuple du païs de Beauvoisins, naguaire faite contre les nobles du dit païs; par contrainte du dit peuple et de leur capitaine; et mesmement pour ce qu'il li vouloient ardoir [2] sa maison et coper la teste, s'il ne faisoit leur voulenté, a chevauchié en leur compagnie devant Mellou, dont il se départi et s'en retourna en son hostel, si tost qu'il pot eschaper d'eulx, sans ce qu'il ait aucunement chevauchié, ne en aucune manière bouté feux, ne fait autre maléfice quelconque. » Les nobles le traitèrent comme les autres Jacques. Le récit qu'il fit de ses malheurs ne diffère en rien de celui de Simon le Choisne que nous avons lu plus haut.

« Phelippe le Bouquillon, demourant à Avragny en Beauvoisins, en la commocion ou esmeute du peuple du plat païs de Beauvoisins, naguaires faite contre les nobles, a, par contrainte dudit peuple, chevauchié en la compagnie d'eulx et de leur capitaine, un jour tant seulement, en la ville de Montathère et de Clermont; et si tost comme il post, il s'en retourna à sa maison, sanz ce qu'il ait aucunement pillé, chevauché, bouté feux, tué, ne occis personne, ne meffait en aucune manière. »

« Jehan Oursel, demourant à Pont-Sainte-Maixance a été,

1. Lui, ille.
2. Brûler, ardere.

avec plusieurs autres du plat païs d'environ, aux effrois et commocions qui derrainement et nagaire ont esté faiz par les dites gens du plat païs contre les nobles du royaume, à abattre en plusieurs lieux forteresses et maisons, dissipé leurs biens et aucuns mis à mort; ce pourquoi aucuns desdiz nobles pourroient avoir malivolence[1] et hayne au dessus dit Jehan. »

Germain de Réveillon, Nicolas Dufour, Philippe Boquillon et Jean Oursel ont obtenu à Paris du régent des lettres de rémission, au mois d'août 1358[2].

« Estienne Névelon, demourant à Jaux en Beauvoisin, ou temps des commocions et effroiz, faiz par les gens du plat païs contre les nobles du royaume, a esté esleu, contre son gré et volenté par les habitans de la dicte ville, lieutenant du capitaine d'icelle, sanz ce que, durans les dites commocions, il se soit en aucune manière partiz de la dicte ville, ne que il ait esté à ardoir ou abattre les maisons, lieux ou forteresses desdiz nobles, ne à dissiper, prendre ou piller leurs biens, ne autrement malfaire contre eux ».

« Jehan le Grant, demourant à Jaux a esté fait et nommé dismier (approvisionneur) dessoubz le capitaine de la dicte ville de Jaux. Il est alé par contrainte avec plusieurs de la ville et autres du plat païs aus commocions contre les nobles; il a esté présent à veoir destruire, abattre et ardoir en plusieurs lieux leurs maisons et forteresses, dissiper leurs biens et aucuns mettre à mort, contre sa volonté et consentement, et depuis les dictes commocions, ou temps que les nobles chevauchoient, et aucuns officiers du roy et plusieurs autres de la ville de Compaigne (sic) feussent aléz sur la rivière d'Oise, du costé devers la forest de Compaigne, et eussent volu passer oultre la dicte rivière en la dicte ville de Jaux,

1. Malveillance, *malevolentia*.
2. *Arch. Nat.* JJ 86, nos 224, 308, 309, 310.

qui est de l'autre costé d'icelle, où estoit lors ledit Jehan, auquel il dirent que il leur amenast ou feist amener la nacelle qui là estoit pour passer ; lequel Jehan, doubtans (redoutant) qu'il ne feussent à compaigniéz de nobles, leur reffusa du tout amener la dicte nacelle ; et lors plusieurs habitans de la dicte ville de Jaux se avanturèrent et retrayèrent (lancèrent des traits) à yceulx qui vouloient passer, sanz ce que aucuns d'yceulx fussent blaciéz (blessés) ou navréz en aucune manière dudit trait ».

« Jehan Léber, demourant à Jaux, près Complègne, sergent à cheval du chastellet de Paris, a esté, avec plusieurs autres du païs d'environ, aus effrois et commocions qui derrainement et nagaire ont esté faiz par les dictes gens du plat païs, contre les nobles du royaume, à abattre en plusieurs lieux forteresses et maisons, dissipé leurs biens et aucuns mis à mort. Ce pourquoi aucuns des diz nobles pourroient avoir malivolence et hayne audit Jehan. »

Les lettres de rémission de Jehan Léber sont du mois d'août 1358 ; celles d'Étienne Névelon et celles de Jean le Grand sont du mois de septembre suivant. Les trois pièces ont été délivrées à Paris par ordre du régent [1].

Jean Biquet, capitaine des Jacques de Remy, obtint ses lettres de rémission du roi Jean le Bon. Ces lettres sont en latin. Nous les traduisons intégralement à raison de l'intérêt tout particulier qu'elles offrent.

« Jean, par la grace de Dieu, roi de France, etc., savoir faisons à tous présens et à venir que Jean Biquet de Remy, *Johannes Biqueti de Remino*, nous a fait présenter une supplique, suivant laquelle, au temps des commotions, rébellions et attroupements des gens roturiers du plat pays de Beauvaisis, soulevés contre les nobles de ce pays et auteurs de plusieurs homicides, rapts, vols, déprédations, incendies, pillages de maisons et autres crimes, le susdit Jean Biquet,

1. *Arch. Nat.* JJ 86, n°ˢ 223, 371, 372.

aurait été, sous le coup de la violence, de l'intimidation et de la force, fait capitaine des gens de Remy par les chefs et une grande partie du peuple de Beauvaisis. Tout à fait contre son gré, n'osant résister par crainte de la mort, il s'est laissé mener par force et par contrainte en plusieurs lieux, où certains dommages ont été causés aux nobles, tant en leur maisons qu'en leurs autres biens, et divers crimes commis. Néanmoins, il n'a rien volé, rien retenu, rien gardé à son profit des biens de ces nobles. Et pourtant, bien que notre très cher fils aîné, à l'époque où, pendant notre absence, il régissait notre royaume, ait, pour certaines causes et d'après mûre délibération de son conseil, accordé un plein pardon pour ces commotions et tous les méfaits alors perpétrés et commis à leur occasion, défendant aux deux parties de recourir aux voies de fait, sauf le droit de la partie lésée, pour les dommages subis et les injures reçues, à faire valoir devant les tribunaux civils, Jean Biquet n'est pas sans inquiétude. Afin donc que les nobles et les officiers de notre justice ne puissent dorénavant le molester et l'inquiéter à ce sujet, il nous a fait supplier humblement d'avoir égard à sa bonne réputation, à sa vie louable, à ses relations honnêtes, et à sa conduite d'ailleurs irréprochable, de nous souvenir qu'il a toujours été plein de bon vouloir pour nous et la couronne de France, un vrai sujet, obéissant et fidèle, comme il nous l'a affirmé, et de vouloir bien lui octroyer notre grâce à cette occasion. Tout ce qui précède, bien considéré, nous accordons audit Jean le pardon sollicité pour les faits énoncés ci-dessus ; nous lui faisons remise et le tenons quitte, pour ce cas, de toute peine et amende criminelle, corporelle et civile qu'il aurait pu ainsi encourir ; autant qu'il en peut être besoin, de notre autorité, de la plénitude de notre pouvoir et de grâce spéciale, nous le rétablissons pleinement dans sa réputation, son pays et ses biens, imposant silence sur ce point à nos procureurs et à nos officiers, sauf toutefois le droit de la partie lésée, pour les dommages subis et les injures reçues, à faire valoir devant les tribunaux civils, si elle veut en user contre lui. Nous exigeons cependant que Jean Biquet, pour pénitence des faits qu'il avoue, se rende en pèlerinage, avant un an à dater d'aujourd'hui, à l'église Notre-Dame de Boulogne-sur-Mer, et en rapporte des lettres testimoniales. En conséquence, nous mandons à tous les officiers de justice de notre royaume ou à leurs lieutenants présents et futurs et à chacun d'eux, autant que ce sera de sa compétence, de n'inquiéter ni molester en aucune manière ledit Jean, contrairement à notre dite rémission et grâce, et de ne permettre qu'on l'inquiète, le tourmente ou le moleste, quel qu'en soit le moyen, mais de le faire jouir en paix de notre présente grâce, en rétablissant ou faisant rétablir promptement, en son premier et légitime état, tout ce qui aurait été fait ou tenté à l'encontre. Afin que cet acte de clémence obtienne crédit à perpétuité, nous avons fait appendre notre sceau aux présentes lettres, sauf en autres choses notre droit et l'autrui en tout. Fait à Paris, l'an du Seigneur, 1360 (1361, n. s.), au mois mars.

Dans les requêtes de l'hôtel. G. DE MONTAGU [1].

Citons encore la triste aventure de Gilles le Putois :

Gilles le Putois ou le Putassier de Pierrefonds, *Egidius Putacerii de Petrafonte*, après avoir, aidé de quelques complices, brûlé plusieurs demeures seigneuriales au village de Cuise et en avoir pillé et emporté le mobilier, se disposait à en faire autant au village de Breuil. Garnot de Moy vint avec quelques compagnons lui enjoindre de cesser ce brigandage. Gilles, en qualité de meneur, répondit par un refus catégorique. Empoigné aussitôt avec deux autres malfaiteurs de sa bande, il fut conduit à Pierrefonds devant le capitaine du *castrum* ou château fort. Les gouverneurs et gardiens du

[1] *Arch. nat.* JJ 86, n° 609.

village et du château fort pressèrent Garnot de Moy et ses compagnons d'en finir avec Gilles. « Il est indigne de vivre, s'écrièrent-ils. C'en est assez ; nous ne voulons plus entendre de plaintes sur son compte. Qu'il ne soit plus jamais question lui ! » Garnot et les siens ne se le firent pas dire deux fois. Pour éviter un plus grand péril, ils mirent à mort le malheureux Gilles.

Le roi Jean le Bon accorda des lettres de rémission à Garnot de Moy en mai 1361[1]. Ces lettres, comme celles qu'obtint Jean Biquet, sont en latin.

Il faut avouer que si les Jacques furent parfois atroces dans leur conduite vis-à-vis des nobles, ces derniers usèrent de terribles représailles, malgré les défenses du régent et ses appels réitérés à la conciliation.

Un grand nombre de lettres de rémission, ayant trait à la Jacquerie, notamment celles de Simon le Choisne, Germain de Réveillon, Nicolas Dufour et Philippe Bocquillon, contiennent la plainte suivante :

« Mais, qui piz est, depuis, les diz nobles ont ars (brûlé), pillé, gasté, exillé audit suppliant tous ses biens, meubles, sanz ce qu'il li soit rien demouré, fors li, sa fame et ses enfans : et encore ne ose il (lui), sa fame et ses diz enfans demourer sur leurs héritaiges, pour yceulx faire cultiver et labourer, mais convient que il, sa femme et les diz enfans demeurent en boys et autres divers lieux à grant misère et pouvreté pour doubte (crainte) des diz nobles ».

Les rois se montrèrent indulgents pour les Jacques. Ils firent ainsi preuve d'un grand sens politique ; car si parfois ils se virent dans la nécessité de mettre fin aux écarts des paysans, ils eurent également à se prémunir contre les empiètements et l'arrogance des nobles. Les raisons alléguées par les Jacques pour excuser leur conduite étaient, nous venons de

---

[1]. *Arch. nat.*, JJ 86, n° 612.

le voir, plus que spécieuses. Il fallait être d'une grande bienveillance pour admettre que tous les Jacques étaient restés néanmoins « gens de bonne renommé, vie louable et mœurs honnêtes, exempts de tous crimes, vrais, obéissants et fidèles sujets » et encore « bienvueillans du roy, du régent, du royaume et de la couronne de France. »

Les princes voulurent bien « les pourveoir de remède convenable et gracieux, pour ce que les diz nobles pourroient à iceulx avoir et porter haine et malviolence. » Une ordonnance du régent avait d'ailleurs prescrit « que tous les diz nobles remettent et pardonnent, et aussi les dites gens aus diz nobles, tout ce qu'il pourroient avoir meffait les uns envers les autres. » Au surplus, les lettres de rémission contenaient toute cette formule : « Ou cas dessus dit avons quitté, remis et pardonné, et par ces présentes quittons, remettons et pardonnons, de grâce espéciale, certaine science, plaine puissance et auctorité royale, tout ce que dessus, avec toute paine criminelle et civile, en quoi il pourroit pour ce estre encouru envers nous, pour cause des choses dessus dictes. »

Ce pardon plein et entier n'amoindrissait en rien les droits que pouvaient faire valoir les personnes lésées, devant les tribunaux civils, pour demander réparation de dommages ou d'injures. Aucun chef des Jacques ne paraît avoir été l'objet d'une punition disciplinaire, si ce n'est Jean Biquet de Remy, qui dut aller en pèlerinage à Boulogne-sur-Mer.

A notre liste des célébrités de la Jacquerie, nous eussions pu ajouter Guillaume l'Aloue, de Longueil-Sainte-Marie, et son inséparable lieutenant, le Grand Ferret, de Rivecourt. Car Jean de Venette nous laisse entendre qu'avant de se ranger parmi les patriotes, les défenseurs de Longueil-Sainte-Marie avaient pris part à la Jacquerie. Il appelle même ces villageois Jacques Bonshommes.

www.ingramcontent.com/pod-product-compliance
Lightning Source LLC
Chambersburg PA
CBHW060908050426
42453CB00010B/1605